中华中医昆仑

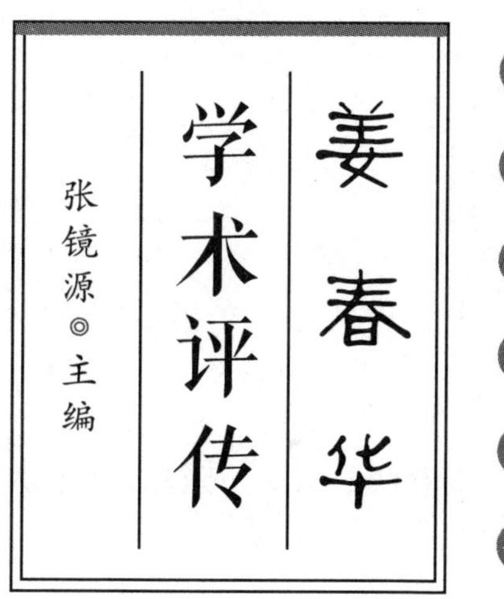

中国盲文出版社

图书在版编目（CIP）数据

姜春华学术评传（大字版）/ 张镜源主编. —北京：中国盲文出版社，2015.12

（中华中医昆仑）

ISBN 978-7-5002-6792-8

Ⅰ. ①姜…　Ⅱ. ①张…　Ⅲ. ①姜春华（1908～1992）—评传　Ⅳ. ①K826.2

中国版本图书馆 CIP 数据核字（2015）第 316670 号

姜春华学术评传

主　　编：张镜源
责任编辑：顾　盛
出版发行：中国盲文出版社
社　　址：北京市西城区太平街甲 6 号
邮政编码：100050
印　　刷：北京华联印刷有限公司
经　　销：新华书店
开　　本：700×1000　1/16
字　　数：42 千字
印　　张：7
版　　次：2015 年 12 月第 1 版　2016 年 3 月第 2 次印刷
书　　号：ISBN 978-7-5002-6792-8/K·426
定　　价：12.00 元
销售服务热线：（010）83190297　83190289　83190292

丛书编委会

前言

中医药是中华民族的伟大创造，是世界医学宝库中的夺目瑰宝，数千年来为中华民族的繁衍昌盛作出了巨大的不可磨灭的贡献，至今仍是中国医药卫生事业不可分割的重要组成部分，在维护民族体魄康健、促进经济社会发展中发挥着不可替代的作用。

中医药学，是中华传统文化和科技文明的结晶，是勤劳聪慧的中华儿女在几千年生产生活实践中，在与疾病作斗争的过程中，创造的独具特色的医学科学体系。它有着浓郁的民族特色、深厚的文化底蕴和丰富的哲学内涵。经过一代又一代中医药传人、一辈又一辈名医大家的实践探索、薪火传承、总结完善、创新发展，逐步形成了系统的理论体系、独特的诊疗方法、丰富的医学内容、实用的制药技术。具有疗效确切、用药安全、应诊灵活、普适简廉和预防保健作用显著的巨大优势，在世界医学之林独树一帜，为人类的文明进步与医疗保健事业，已经并正在作出积极的贡献。

为了弘扬中华民族传统文化，彰显中医药学家的丰功伟绩，当代中医药发展研究中心与中国文学艺术界联合会、国家中医药管理局新闻办公室、中华中医药学会、中国中医科学院、北京中医药大学、世界中医药学会联合会等精诚合作，在国家中医药管理局的支持和指导下，为中华近现代百年来贡献卓著、深受敬仰的150位中医药学家，编撰出版了这部大型传记丛书。丛书采用评传体裁，记载他们的生平事迹、医术专长、学术思想、传承教育、医风医德、养生之道和突出贡献，使这些宝贵的医学成就和精神财富发扬光大，千古流芳。

从书取名《中华中医昆仑》。昆仑山，被尊为“万山之祖”，柱西北而瞰东南，立中国而凭世界，凌驾乾坤，巍然屹立。以其高峻豪迈、绵延起伏的磅礴气势，寓意中华中医药学历史悠久、博大精深和永不衰竭；以其挺拔雄伟、高耸入云的恢弘气魄，彪炳一代中医药学家的丰功伟绩、杰出贡献和不朽勋业。

丛书入选传主，从全国范围推荐遴选，遍及中医药界各个领域。有临床家、理论家、药学家、教育家、医史文献学家；有名师亲授、世医家教、学派传人、院校毕业和自学成才者；有师徒并驾、父子齐名和伉俪联袂者。他们学术造诣深厚、诊疗技术精湛、临床经验丰富、学科地位崇高、科研成果丰硕、医风医德高尚、国内外影响较大，从医学理论到临床实践，为中医药事业的传承和发展作出了突出贡献，是近现代百年来中华中医药界的杰出代表。

丛书的出版，对于弘扬中华文化，振兴中医药事业，造就中医药人才，普及中医药知识，具有重要的现实意义和深远的历史意义。这是一项开创性工作，填补了我国为著名中医药学家大规模撰写传记的空白；也是一项抢救性工作，因入选传主已仙逝过半，许多亲历、亲见、亲闻的史料日见散逸，将之收集整理、编撰成书，功垂后世、利国利民；更是一项承前启后的工作，总结传主经验，传承中医药伟业，继往开来，光耀世界医学之林。这部医文结合，富蕴历史性、学术性、文学性和实用性的鸿篇巨制，对医疗、卫生、科研、教育及全球关注中华中医药文化的各界人士，都有重要的参考和阅读价值。

丛书的编撰出版，是一项巨大的中医药文

化建设工程，在策划、撰写、编辑、出版过程中，自始至终得到了国家有关领导、政府部门及社会各界人士的关心和支持。国家中医药管理局高度重视，并组织专家对全书进行终审；数百名专家、学者亲临指导，参与规划；有关省、市、自治区卫生厅、局、中医局（处）给予大力帮助；传主及其亲属、弟子热情支持、密切配合；撰稿人深情满怀、辛勤笔耕；编审专家尽心竭力、精工细琢；关爱中医药事业的企业家热心公益、慷慨资助；全体工作人员不辞辛劳、无私奉献，这一切使丛书得以顺利出版。对此，我们深表谢意。

由于时间紧迫和资料搜集困难，加之水平有限，难免有疏误之处，敬请广大读者批评指正。

中华中医药学，历史悠久，源远流长，发端于远古，奔向于未来。百年对于历史，不过是短暂的瞬间；百人对于万众，不过是沧海一粟。然本丛书所记载的百年百人，则无疑是波澜壮阔的中医药发展史上辉煌的篇章和光芒闪烁的璀璨星辰。

张镜源

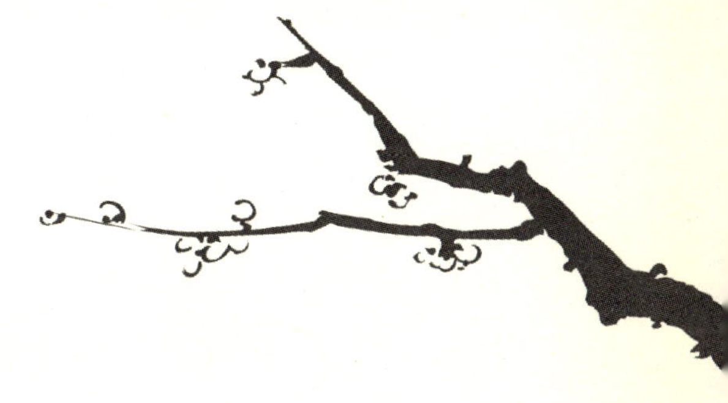

医之贵不在识得疾病发展规律，而在于能截断病的发展规律。学中医要走样，总是老样子肯定不行。走样就是求进步，而中医只有不断进步，才有前途。

——姜春华

姜春华（1909—1992），字秋实，汉族，江苏南通县（现为南通市）人。著名中医学家、中医藏象及治则现代学科研究奠基人。

20世纪30年代，曾执教于上海中医专科学校、上海复兴中医专科学校、新中国医学院等。1954年进入上海第一医学院，相继任中医教研室主任、藏象研究室主任、内科学院（现称华山医院）中医科主任、中山医院中医科主任。1981年受聘为上海医科大学（现为复旦大学上海医学院）博士研究生导师。一直从事中医临床、教学和科研工作。

自20世纪40年代起，先后受《国医砥

柱》、《华西医药》、《广东医药旬刊》、《北京中医》等杂志之聘，担任编委及特约编辑；担任《中国医学百科全书》编委、《辞海·中医分册》主编。历任国家科委中医专业组成员，卫生部医学科学委员会委员，全国血吸虫病防治专家委员会委员，中国科学院上海分院特约研究员，中华中医药学会常务理事，上海市中医学会副理事长、理事长、名誉理事长。先后被聘为中国中西医结合研究会、上海中医学院（今上海中医药大学）、上海市中医文献馆顾问，是第五届全国人大代表、第七届上海市人大常委会委员。1955 年被评为上海市先进工作者。1956 年被评为全国劳动模范。1958 年荣获卫生部颁发的“继承发扬祖国医学遗产”金质奖章。1985 年因对治疗晚期血吸虫病有贡献，受到上海市人民政府记大功奖励。1990 年由人事部、卫生部、国家中医药管理局确定为全国老中医药专家学术经验继承工作指导老师。1991 年被国务院认定为有杰出贡献的科学家，享受国务院政府特殊津贴。

姜春华学识广博，勇于创新，广涉诸家，学贯中西。主张“古为今用，西为中用”，“活用成规，创立新规”。学术特点为“撷采百家，融贯古今，拓展新路，重在实效”。根据长期实践经验，治病立法不专主一家。擅用经方，汲取时方，以能取效为用。在认识疾病及临证思辨上主张“辨病与辨证相结合”，临证采用辨病与辨证相结合、疑难杂病多项调节、重病久病活血化瘀等治则。提倡既要为病寻药，又要重视辨证论治。尤其在治疗伤寒、温热病、急慢性传染病方面，主张采取果断措施和特殊方药，快速控制病情，截断疾病的发展蔓延。提出“扭转截断”的治疗法则，以提高疗效，缩短病程。这是对叶天士“到气才可清气，入营犹可透热转气”之诫大胆的突破，是中医治疗学堪称里程碑式的成就，对充实完善中医治疗危急病症的理论作出了重要贡献。

姜春华著有《中医学基础》、《中医诊断学》、《中医病理学》、《中医治疗法则概要》、《伤寒论识义》、《姜春华论医集》、《历代中医学家评说》等10余部著作。其中《肾的研究》一书传播国外，在日本曾被二度翻译。《活血化瘀》一书，被日本学者认为“为现代医学开辟了新的视野”。活血化瘀的研究荣获1978年全国科学大会重大科技成果奖。《肾与命门》、《活血化瘀》等获上海市中医、中西医结合科研成果一等奖。先后发表论文200多篇，部分论文被国外医学杂志转载。《阴阳原始》一文获1980年上海科技最佳论文一等奖。

姜春华擅长内科，对重症肝炎、肝硬化腹水、支气管扩张出血、支气管哮喘、慢性腹泻、慢性肾炎、糖尿病、痹证、疑难杂病等，治疗效果卓著。用药严谨，自成一格。经验名方有三合一方、软肝汤、巴漆丸、扶正化瘀利水汤、地乌蠲痹汤、黑大豆丸、百合片、截喘汤等，屡起危殆痼疾，疗效甚佳。

遵从父训入杏林
博采新知护国医

南通，位于江苏省东南部的一座秀丽城市，居长江入海口北岸，与上海、苏州隔江相望，素有“江海门户”之称，是江苏沿海南北交通的枢纽。宽阔清澈的濠河静静地穿过城市中心，像一条缓缓飘动的玉带，赋予这座城市不凡的灵气。南通人文荟萃，名贤辈出。三国名臣吕岱、宋代杰出教育家胡瑗、明代名医陈实功、清代“扬州八怪”之一的李方膺、清末状元张謇等，均为南通历史增色添彩。

1909 年 9 月 21 日，在南通金沙镇一位普通中医的家里，一个圆头虎脑的男婴呱呱落地，南通的史志将因为有了他而再添光环。父亲姜长照（字青云）给儿子取名春华。这位精于中医内科及幼科，尤擅痘科的父亲，在当地也小有名气。姜春华兄弟4人，他排行老三，两兄之外还有个姐姐，唯有他继承了父业，并在后来成长为四海闻名的中医学家、中西医结合专家。

姜春华自幼偏爱文学书画，在学堂读书，常常疏于数理，而喜于诗文书画，尤醉心于书法，跟着书法大家清道人李梅清的学生王圣华临写魏碑，乐此不疲。有时子夜兴起，披衣挑灯临帖至晨曦霞满。因兴趣爱好与学堂之教相悖，读书成绩不好，被老师斥为“愚鲁”。其父却深知儿子是块可成器的璞玉，但须良工精雕细琢，假以时日。于是父亲督导他学习医书。春华初也不甚上心，自认天资不敏，愚鲁笨拙，不能成才。父亲常鼓励他说：“拙不要紧，贵在持恒。古人说‘勤能补拙’。孔子弟子三千，其中曾子被认为最愚鲁，可是传扬孔子之道的正是曾子。”父亲的宽容和鼓励给了春华极大的信心支撑，加之后来王圣华先生也以人生阅历之言相劝：“书画仅可作为一种爱好，陶冶性情，还是学医好，既可为民除疾，又可借此谋生，若有闲暇余力，再学书法何妨。”姜春华有感于老师的教诲，由此把继承父业、研习岐黄作为自己终生的事业。其父其师均为姜春华后来走上成功之路指引了方向。但诗文书画仍是他业余闲暇的爱好，陶冶铸就了他的儒雅风范；医文相辅，更促进了他医业的精进。

姜春华在父亲的指导下，勤习医书，学习了《内经》、《伤寒论》、《难经》、《本草经》、《四言脉诀》、《药性赋》、《汤头歌诀》等医书，并能熟记背诵。他对中医基础知识始有初步理解，但仍感不足，学医之余，喜博览经、史、子、集诸书，以资触类旁通。如此苦读数年，并随父侍诊，耳濡目染，加之他勤奋好学，小小年纪在家乡也能独立断病处方。但毕竟年少资浅，用姜春华自己的话说："孔子说'道不行于父母之邦'，父老们看你顽童长大，谁肯以性命相委。"所以在故乡诊务清淡，很难施展其远大志向。由亲戚介绍，当时年仅18岁的姜春华为了实现远大的志向，离别乡梓，告别父母，只身来到上海挂牌行医。起初仰仗着同乡亲友辗转介绍一些病人前来就诊，日后凭借他对医学的钻研和对病人的耐心、热心，人们口口相传，其诊务日渐起色。同时他继续进修医学理论与诊疗业务，疗效也日有提高，逐渐在人才济济的大上海站稳了脚跟。

姜春华投身岐黄、步入医林之际，正是"西学东渐"之时。在这一时期，西方的社会科学、自然科学大量传入中国，对中国的学术、思想、政治和社会经济都产生了重大影响。与此同时，西医学也大规模地传入中国，大批西医留学生学成回国，形成了中国医学和西方医学两个体系并存的局面。随之社会上泛起了一股包括全盘否定中医在内的民族虚无主义思潮。中医受到了前所未有的冲击。为探索中医的发展之路，大多有识之士自发地学习西医知识，开始探索汇通中西医的道路。如国医革命的一代先导、中西汇通派恽铁樵、陆渊雷、章次公等都积极地学习、吸收西医理论，同时也坚定地捍卫中医中药的实效和国医地位，提出："万不可舍本逐末，以科学化为时髦。"

姜春华自幼耳濡目染中医的临床实效，认识到中医是在我国特有的社会历史背景下形成的独特理论体系，是千百年来经过无数实践积累起来的经验，是行之有效的国宝国粹。风华正茂又善于独立思考的姜春华同时也很清醒地看到中西医学的长短曲直，认识到不学习西医理论，难以推进和发展祖国的民族医学。强烈的民族自尊心和使命感驱使他走上积极进取和科学发展中医的道路，决心汲取现代医学知识，用以阐明中医真理，用实际行动捍卫和发展中医。

曾留学日本学习西医的余云岫，是废止中医派的代表人物。早在1916年他就发表了《灵素商兑》，从《内经》入手彻底否定中医的理论基础。1929年2月，他利用担任国民政府内政部卫生专门委员会委员之便，在南京国民政府卫生部第一届中央卫生委员会会议上，提出了“废止中医”之提案，即《废止旧医以扫除医事卫生之障碍案》。此案一出，全国上下群情激愤，在全国中医药界掀起了一场声势浩大的“反废止”风潮，爆发了“三一七”中医救亡运动。1929年3月17日，全国15个省市的132个团体之262名代表云集上海，召开全国医药团体代表大会，成立了“全国医药团体总联合会”，组成赴南京请愿团，要求政府立即取消议案。同时，全国总商会、中华国货维持会、医药新闻报馆，以及南洋华侨代表等电请保存国医。社会公众舆论也支持中医界，提出了“取缔中医药就是致病民于死命”、“反对卫生部取缔中医的决议案”等声援口号，抗议和阻止“废止中医”案。在全国民众的强大呼声及舆论压力下，南京国民政府取消了“废止中医”一案。这一斗争，虽然初战告捷，但中西医之间的论争并未就此结束，特别是余云岫撰写的《医学革命论》一书，对中医学之评价，颇多偏见，流毒甚为广泛，引发了一场全国性的中西医学兴废之争。在这场关系着中医生死存亡的论战中，姜春华没有作壁上观，他是披坚执锐、冲锋陷阵的先锋，是坚决捍卫国医的卫士。他奋笔疾书，撰写了《医学革命论批判》一文，刊登于《广东医药旬刊》第一卷五、六期合刊上。《广东医药旬刊》配发编者按曰：“余云岫氏，在近代中国学术界，其所著《医学革命论》，尤为当世重视，唯对中医学之评价，究未泯除成见。沪地新中医青年领袖姜春华先生书此批判一文，以正确之崭新社会科学作理论中心，纠正余氏错误见解，诚属当前中医学术领域中不可多得之杰作。顷承惠寄本刊，特分期发表，借供研论。姜春华乃沪上复兴中医专校及上海医专内科教授，所著《中医证候疗法发凡》刊于《国医导报》，《金匮要略新论》及《中医内科学》二名作，曾载汪浩权所编之《中国医药月刊》。并闻准备日久而已动笔之《伤寒论新论》，亦将继此文允交本刊发表，谨先报道，希读者注意焉!”（录自《广东医药旬刊》第一卷五、六期合刊）姜春华的这些中医论著，无疑是中医论坛上的声声惊雷，博得医苑名家的好评。在当时姜春华被誉为“沪地新中医青年领袖”。年轻的姜春华崭露头角，医名始蜚全国。

姜春华是捍卫中医药的排头兵，对学术不抱任何门户之见，力行“勤求古训，博采新知”，吸收西医的知识，促进中医的发展，主张“西为中用，古为今用”，深信“他山之石，可以攻玉”。他比较客观地分析中西医各自的优劣，认为中医虽有全面的、宏观的辩证法思想，但脱离了现代科学的新成就，要把它提高到现代化的水平上来也是不可能的。因此他竭力主张用现代科学对其经验和理论进行研究，分离其中玄学部分，使之转移到现代化的轨道，认为这才是发扬光大中医学的广阔大道。无论中医还是西医，都有不少不治或难治之症。我们的知识不是太多，而是太少，应该多方面吸取，兼收并蓄，才能临床应付裕如，取得较好的疗效，相互排斥无异于作茧自缚。

时值陆渊雷与徐衡之、章次公等创办上海国医学院，以“发皇古义，融会新知”为办校宗旨，除开设中医药课程外，率先在教学计划中列入生物、理化、解剖等西医课程。1932年，应四方学者之请，又办遥从部，函授中医学，在教授《伤寒论》、《内经》等中医经典的同时，也开设西医课程，吸引了海内外有志于发展中医学术的青年学生。姜春华也正是在这一时期，成了陆渊雷的遥从弟子。姜春华在医书杂志上经常读到陆渊雷的文章，他敬佩陆渊雷对学术有是非之见而无门户之分的纯学者态度。陆渊雷教中医参以西学，其讲义以疏证为主，不以中西较长短，要旨在于使人认识中医之真谛，客观地证明中医之科学性。陆渊雷主张中西互相学习、互补长短，对医学进步是大有裨益的。因此，当陆先生招收遥从弟子之时，姜春华便诚拜为师。姜春华学习勤奋刻苦，又善独立思考且有自己的见解，故深得陆渊雷赏识。本是遥从，后来也常常获得面提亲炙。陆渊雷的学术思想、治学方法对姜春华一生都影响巨大。

姜春华在遥从期间还自学了内科学、药理学、病理总论、物理诊断、西医的实验诊断等当时西医的大学课程，并利用晚上时间参加西医进修班的学习；得暇还去章次公诊所与同道切磋并实习，也和章次公的弟子朱良春一起向西医李邦振博士学习叩诊、听诊。正是从那时起，姜春华与朱良春成了莫逆之交。

中西医理论的系统学习，拓展了姜春华的视野。他勤求古训，融会新知，医道大进，为他日后进行中西医结合研究打下了坚实的基础。“西为中用，古为今用”，姜春华毕生努力探求中西医结合的新路。他认为，要发展中医理论，一定要吸取现代科学技术，这是研究中医的重要途径之一。

在 70 多年的医学生涯里，姜春华身体力行，为中西医结合事业做出了突出的贡献，取得了令人瞩目的成就。从 20 世纪 60 年代初期起，他就带领科研小组开展“肾本质”的研究，运用现代科学方法对人体“肾”的生理、病理、阴阳变化进行系统缜密的观察，并多次进行动物实验，主编了《肾本质研究》一书。20 世纪 70 年代，他又倡导成立“活血化瘀”研究小组。在他的带领下，活血化瘀研究小组从微循环、血液流变学、动物实验、药理、临床等方面展开了大量的研究工作，并获得很大成效。1978 年，此成果荣获全国科学大会重大科技成果奖。

姜春华学贯中西，立足还在中医，用他自己的话说就是“虽用西学但不用西药”。他尊古而不泥古，在继承、发掘中医药遗产的基础上善于思考，勇于创新。早在 20 世纪 50 年代，姜春华就已提出病与证的关系问题，强调医生的基本功是识病认证，以辨证论治为主，但又不废“为病寻药”。他在临床实践中借助于现代医学诊断技术确诊疾病，在宏观辨证论治同时还结合西医微观的辨病，以传统中医的理论体系指导辨证和治疗，将传统的理法方药与创新的为病寻药结合起来，根据药理分析，选择具有针对性的中药加入辨证方中作为辅助，大大提高了临床疗效。如血小板低加羊蹄根、花生衣；白细胞低加黄芪、五灵脂、胎盘粉；γ-球蛋白高加炮山甲、白术等。他强调辨证论治是中医的灵魂，必须坚持与遵循。如他在临床常遇到头痛、失眠、哮喘、呃逆、胃出血、胰腺炎等病例，这些在西医看来是不同的疾病，若以现代医学观察，上述疾病有属于神经系统的，有属于呼吸系统的，有属于消化系统的。系统不同，病种各异。而姜春华对这些不同的病，凡见有腹满、大便多日不解、舌苔黄黑干燥等相同主症，认为均属于“胃家实”一个病机。尽管是不同的病种，统用大承气汤以泻热荡邪，结果是一泻而愈，以中医“泻胃家实热”这同一辨证论治法则治愈了这些不同的病。“异病同治”为什么有效？就是强调了辨证论治。西医喜欢为某一种病寻找针对病症的治疗药物，即“为病寻药”。中医的辨证论治理论比一病一药的道理复杂得多。姜春华从实际出发，认为辨证与辨病相结合是中西医结合的精髓之一，辨证论治与“辨病寻药”两者不能偏废。他的治学主张是“以现代病种摸索中医治疗规律，既要为病寻药，又要重视辨证论治；既要搞基础理论研究，又不能丢掉临床；既要重视微观剖析，又不能忽略宏观统览；既要做临床的中西结合，又不能丢掉理论性研究”。

诸如此类，姜春华为推进中医药的发展而留给后学的诸多启迪，深为国内外学者所瞩目。他在立志中医、不弃西医的思想指导下，不断获取新知，为发扬中医、创新和丰富中医理论不懈努力。

博学发微善质疑
著书立说自奋蹄

姜春华少年起就喜读书，一生以书为友，以书为乐。闲暇之时，便跑旧书摊、旧书店淘书。若觅到一本合意的书，他会兴奋不已，心中比获得珍宝还愉悦，晚间置于枕边，倚枕而读，颇得其乐。他一生俭朴，但对买书乐此不疲，大部分的开销都用于买书。他还常到图书馆、大书店看不花钱的书，有时一看就是一天，直到书馆下班打烊。

姜春华住在上海市淮海路上的逸村。他的卧室兼书房，合二为一。室内东南两个顶到房顶的书橱倚墙而立，里面摆满了古今中外各种书籍达数千册。他珍藏着大量的医学珍本，有些还是国内孤本。他的藏书中，文学、历史、中医书籍占大半，足以使他俯仰其间，游目骋怀。

姜春华把读书看作是认识世界、拓宽思路的最佳途径。所以，除了医书，他还广泛阅读了《十三经注疏》、二十四史和先秦诸子、韩愈、柳宗元、王安石、欧阳修以及明清大家文集。宋明理学、释道回耶、稗官野史等也捧读不倦，同时还看了好多西方的哲学、心理学和自然科学等方面的书。这些著作虽不能替代望闻问切、理法方药，却对姜春华发展中医理论、创新中医理论有很大的启迪和拓展作用。如王安石“天道尚变”、“新古相除”的辩证法思想，及“权时之变”、坚决反对“归之太古”的历史观，对他发展创新思想的形成有着深刻的影响。正如姜春华所说：“对我思想最有影响的是王安石、张居正的著作。”并说：“有人说读那么多与业务无关的书是否值得？倒不如把这些时间统统用来读医书。我说，我体会读书是取得资料，有了资料怎样用，这就需要思路……”

姜春华认为，一个人的思路形成要有多方面的学问，否则思路就狭窄，专业就不能有大成就。做医生一定要有思路，它不是墨守成规，而是活用成规，创立新规；既创又破，既破又立。所以姜春华几十年如一日，手不释卷，常曰：“一日不看书，病矣。”姜春华平时写论文、著作，引用大量古今可靠的资料，来证实该论、该方、该药、该病案的真实性、可信性；对理论的阐述，思路严谨，逻辑性强，引经据典，言之确凿。《历代中医学家评析》一书，可算是姜春华晚年之力作。他为此书查证的资料有数百种之多，历经10年，方始出版。书中对从汉张仲景到清陆九芝等41位医家的学术特点与贡献的评价，以二十四史和清史及其他史料为依据，凭借自己60余年在中医学方面的理论与临床的深厚功底，独具匠心、全面系统地对各位医家作了认真而恰到好处的评析。其学术水平与阅历的全面性、真实性、广度和深度，令人惊叹。所评之语要言不烦，切中肯綮，为中国医学史的充实与发展做出了贡献。

姜春华思想活跃，联想广泛，看问题透彻，时时迸发出独创的思维火花，无不得益于他的博学。无怪乎他对同道发出高论："人患书少，吾辈患书多！"意思是别人担心能够找到可以阅读的专业医书太少，而我担心的是需要阅读的医书太多，即使用尽个人的精力也阅读不完。

姜春华学风执著严谨，勇于质疑索解。古书汗牛充栋，他提倡读书三法：一精读，即重点学习，慢读细品，反复领会，诸如中医"四大经典"著作等；二泛览，即各种书皆看，可快读浏览；三是独立思考，即"学而不思则罔"。

姜春华读书求索质疑是业内人所皆知的。对于前人的理论观点，他从来都要经过一番思索，分清哪些是对的，哪些是错误的；对前人所用方药也常分析它的主导思想在哪里，为什么用这类方药，其中有哪些不切合，哪些是可以师从的，等等，寻根究底，索疑求证。后学们曾总结过，姜春华质疑多从以下几方面入手：唯心玄学、不合实际、概念不清、有悖临床。凡遇此类，他都要考证释疑。他身边常备着一本簿子，题为“医林呓语”，专摘录医书中不切实际的记载，并加评说。如他在《对脉学上若干意见的探讨》一文中指出，古人认为缓脉为多种疾病的脉象，经研究，缓脉形状不同，主病亦异。如和缓从容，为正常无病之脉；怠缓不舒，主湿邪黏滞；缓弱少神，为气血不足；浮而宽缓不弱为卫虚；沉缓沉细为营弱虚寒。于此可知，他对脉象的分析，不落前人俗套。再如《伤寒论》是方书之祖，创立了辨证论治的体系。姜春华虽然精通各家学说，对仲景尤为推崇，但对不实之处也提出质疑：临床热病初期见项强者有几人？厥阴病中厥几天热几天？这样的厥热类型有谁见过？六经日传一经，有谁见过疾病是这样机械发展的？又如，一书中说有人患病，诊断为3年前饮酒所致，服药催吐，吐物犹有酒味。姜春华录出加评说：“酒置在露天隔日气味即无，岂有3年之久呕出酒味来？”皇甫谧在《针灸甲乙经》序引中曰：“仲景见侍中王仲宣，时年二十余，谓曰‘君有病，四十当眉落，眉落半年而死’，令服五石汤可免……后二十年果眉落，后一百八十七日而死，终如其言。”姜春华评曰：“这也是传闻之辞，病可以知有复发，但不能断定必发必死之日。眉落之病，可能系麻风，岂五石汤可疗？不合实际。此皆由尊信不疑所致。”此类例子甚多。

姜春华治学十分强调寻根溯源，重视对经典原著的研读。他曾在自述中讲道：“我自学《内经》全书时，先看王冰本。有许多不可解处，王氏也避而不注。后来取《医部全录·素问集注》作参考，因为此书除王冰外还收载了马莳、张志聪、吴昆诸注可以汇参，但仍觉得有些地方牵强穿凿。因为《内经》历时长久，又由篆变隶，由隶变正，多脱简错讹，累经传抄，讹误亦多，以致有些地方读不通，注解者因误就误或含糊其辞，心知其不然但亦无可奈何。后来我采用考据家之法，即'以经证经'、'不以后人之说证前人'、'无证者存疑'。譬如'卫气出于下焦'，这'下'字应是'上'字之误，但注者作'下'字解也说得头头是道。我将营卫诸篇合求，知道了应是'上'字。《甲乙经》、《外台秘要》都有材料，但这些材料只作旁证，不能等同《内经》中文字。又如'毛脉合精'，什么是'毛脉'？历来注家将'毛'字作为'肺主皮毛'解，我以为此说不通。类此文字只好存疑。我因要读快读多，以致常像老杜之'读书难字过'。但对于《内经》则属精读类，不得不翻字书。找考据家有关周秦著作中文字考据，虽然要花些时间，可是对某些字搞清楚了而且也旁通了其他，这是我得益的地方……我读《内经》全书时，做过笔记，在某些专题上作了图表。表的好处是将原来分散的集中起来，眉目分清；图的好处是将它的相互关系以图表达出来。这两法既加深了理解又加强了记忆，我是以整理的方法求理解。我学习时不用西医知识对照，因为它们是两个系统，不能用那一系统对照这一系统，而是纯从原书的系统理解，心知两个系统。这点经验很重要，对于西学中来说更为重要。”

姜春华一向主张做学问要自己动手，要一步一个脚印，扎实学好。打好基础，才可筑高楼。要学到知处，以免一知半解；对暂时搞不清楚的地方，不轻下结论。

《伤寒论》文辞古奥，意味深长，非熟读深思，不易明了。故姜春华学习《伤寒论》条文，先不急于看各家注释，而是把条文的证及脉仔细看上数遍，并注意前后条文的联系，自己加以理解，然后再看注解中哪些和自己的理解相同，哪些是不相同的。他说："我在没有看注解之前是先看经文白文，互相参证，不让注家束缚我的思想。为什么不要先看注解呢？这是因为注家各有自己的见解，先看注解，必然受其观点影响，而没有自己的看法了。"根据这个道理，他提出，学习《伤寒论》应先从原文入手，熟读深思之后，再进行以类证、类方、类法"三类法"归纳条文。这样就能看出《伤寒论》原文的本来面目，从而既能循证识方或由方求病，又能从药测证或从证测药。如此反复互参前后条文，不但可加深对《伤寒论》原文的理解，更可从中悟出新的道理，洞察仲景辨证用药的本意，直截了当，不受诸家观点的束缚。

《伤寒论》注家有数百家，姜春华的方法是看十二家注为基本，先看成无己注或方有执注，以后再看其他注。方有执、喻嘉言、徐行、舒驰远等一脉相传，所注雷同，不必穷尽。看其他各家也只看它突出的个别见解。对于注解可以说一通百通，不可通处总是不可通，也不必强求其通，穷老尽气是不需要的。姜春华坦诚直言："说老实话，我对各注家都有些不同程度的看法。有些注家可以把它丢掉，像卢之颐、张令韶用运气学说解释，看这种不切实际的玄学徒费时间。"

姜春华研究《伤寒论》重在能有效地指导临床，主张类方研究与类证研究相结合。类方研究是结合法，类证研究是分析法，前者由方求证，后者循证识方，二者结合则仲景方证自能了如指掌。日本古方派代表吉益东洞以《伤寒论》、《金匮要略》为依据，对张仲景的方证进行分类归纳，对其中常用的53味药物主治进行了考证，所著《药征》一度成为后世古方派药物论的教科书。而姜春华在研究《伤寒论》后认为，《药征》的分类归纳方法有其缺陷，带有主观性，且《药征》所述重药效，轻药性，以论述药物的主治、兼治为主。于是自己重新做了“药征”。先是综合各条，后是分析主治症状。如附子，把凡有附子的方子列在一起分析，是附子所主证的，用笔圈在字旁，再加综合，得出附子治脉沉微或欲绝，恶寒或背恶寒，四肢厥冷，漏汗不止，身疼痛，总括起来是强心镇痛。在汤证和主治的基础上，对于药物的配伍作用也进行了分析，譬如麻黄配桂枝、配附子、配石膏，各药配伍不同，治疗的病证也不同。掌握了这些配伍法则，在临床时就能灵活配伍，应付自如。他认为，学习仲景的方，掌握仲景配伍的规律最为重要，以此规律配方即是仲景方。后世各方配伍方法多从此出，虽然药物不同，其理致则同。他认为《伤寒论》最为实用的是其方剂，理解方剂组成的意义，可广泛应用于各种疾病。如桂枝汤是《伤寒论》治疗太阳中风表虚证之方剂，姜春华析此有调和阴阳之用，认为本方可通用于伤风感冒、植物神经功能紊乱之常自汗出者，时发低热、手多汗者，还可预防冻疮，并能调经、促进消化。据桂枝汤现代临床应用病种的文献报道证实，他的认识正确无疑。又如桂枝龙骨牡蛎汤可治火劫取汗成惊狂之证，现代用火劫取汗，甚为罕见。姜春华从该方有温补、收敛、安神之作用出发，认为可适用于虚寒性下利、久痢不止、痰饮之水走肠间、吞酸吐水、咳唾多痰、自汗盗汗、白带漏下、梦遗滑精、鼻涕过多、耳流脓水、痰核溃疡、心悸怔忡、夜卧不安、小儿多惊等，临床多验。他先后发表《张仲景著作考略》、《伤寒论非王叔和所编次商榷》、《伤寒论六经若干问题》、《千古疑案话厥阴》、《我对伤寒论难解条文的看法》、《张仲景活血化瘀的辨证论治及其方剂的活用举例》、《唐以前伤寒、温病、时行异同略述》等文。1985 年，姜春华出版了《伤寒论识义》，为学习和研究《伤寒论》开启了新的思路与方法。

要成为合格中医，姜春华强调要深究中医经典，加深理解，加强记忆，还要广涉其他古医籍。他的学习观点是，走得进去，跳得出来。走得进去，就是要能潜下心来，认真研读原文，理解吃透原意；跳得出来，就是要有审视的眼光，独立思考，用自己的见解来分析。而且对许多似是而非、模棱两可的注家观点，要勇于质疑，力求探究考证。中医理论要联系实际，反复实践，在实践中释疑，在实践中创新。纵观诸多古时医家，恒多抱残守缺、迷信古人、以讹传讹、不能自拔、转而又复贻误后来者，姜春华反对此种陋习。他对中医经典著作及前人论述研究得深刻透彻，绝不为古人之说所束缚，常提出许多新的见解，以纠正前人的差误论点。

在姜春华排列有序的书架上，很多书都有他阅读时圈点评述的墨迹，非常认真细致。书桌上那款“勤求古训，博采新知”的手书，是姜春华治学的座右铭。

姜春华除读书外，尤勤于写作，其著作、论文时有问世。

他从20多岁起就开始写作并发表论文。早在20世纪30年代，他的《中医证候疗法发凡》、《医学革命论批判》等不凡论作就已为业内关注。1949年前著有《中医基础学》、《中医病理学总论》、《中医诊断》等。1949年后，先后出版了《中医治疗法则概论》、《伤寒论识义》、《姜春华论医集》、《活血化瘀研究》等专著。

姜春华晚年著作等身，誉满国内外。他诊务繁忙，邀治者踵至，加之教学、科研任务极重，日间少有闲暇，许多论著都是漏夜完成的。他还常因情面难却，为他人的专著作序。自古以来，专事著作者常疏于临床；诊务忙碌者，又多乏著述。而姜春华则二者兼得，并臻上乘，实属难能可贵。这与他学识渊博、数十年如一日地勤奋积累、学术造诣深厚是分不开的。《肾本质研究》、《活血化瘀研究新编》、《历代中医学家评析》、《经方实用学》、《道家与医家》都是他晚年力作。

1991年，他在身患糖尿病、肾功能每况愈下之际，还受卫生部委任承担带教任务，并应邀审阅《南通地方中医史》、《南通县中医史略》等书稿。他在接受《解放日报》记者采访时说："我愿意为发展我国的中医事业再干点实事。"

姜春华才思敏捷，洞察细微，立言求是非同俗。他先后在专业杂志上发表《虚实概论》、《本草主治释义》、《金匮要略新论》、《脉学上若干问题》、《祖国医学对血吸虫病的认识及防治方法》、《辨证论治与辨证（病）施治》、《阴阳原始》等有影响力的论文200余篇，其中部分获最佳论文奖和重大科技成果奖，部分论文被国外医学杂志转载。

姜春华到晚年还常对学生说："只要天假以年，我还要多做工作，完成几部著作以传后人。生命在于运动，而生命的意义在于工作。"

倡导承古要走样 截断扭转为人先

姜春华一直强调“学中医要走样”，认为世间事物没有不在变，没有不走样的，我们应该紧跟时代，不能老是那一套，要有创新的理论，在实践中探索新的方法，适应新的变化。他的确做到了这一点，且多发前人所未发，见识超越前人多多，在不断创新、完善和丰富中医理论方面取得了重大的成就。著名的“截断扭转”的创新论断正是他在不断质疑求解的思考和实践中提出的。截断，指采取果断措施，迅速祛除病源，防止病情发展与加剧；扭转，指控制病情，使病人转向康复。

许多重、急性疾病，均属中医温病范畴。

叶天士《温热论》言："前言辛凉散风，甘淡驱湿，若病仍不解，是渐欲入营也。"姜春华认为，既然用了辛凉散风、甘淡祛湿，病应该好转，非唯不见好转，反欲入营，是药没有对病起作用。他看过清代许多名医医案。明代以前，医家多用《伤寒论》六经辨证论治，但少效。自清代叶天士创卫、气、营、血证，吴鞠通创三焦分证，治温病之法始大备。但由于某些急性传染疾病进展快，传变迅速，一般常规之法不能制止其向营分、血分深陷。治疗温病过程中常险证百出，令人怵目惊心。其效果之所以不佳者，姜春华认为是用药保守不到位，"正是受叶天士用药轻淡如儿戏之教"的原因。近年来许多医家治大叶性肺炎用鱼腥草、鸭跖草之类清热解毒，不拘卫分气分之说，疗效很高。过去肠伤寒用银翘、桑菊、三仁等，效果亦差，有人不分卫气营血步骤，病始即用大黄、黄芩、黄连，疗效即高。出血热，一开始就用大苦大寒，效亦好。《温热论》中说："大凡看法，卫之后方言气，营之后方言血。在卫汗之可也；到气才可清气；入营犹可透热转气，如犀角（现已代用）、玄参、羚羊角等物；入血就恐耗血动血，直须凉血散血，如生地、丹皮、阿胶、赤芍等物。否则前后不循缓急，虑其动手便错。"姜春华认为，温热病治疗可不按卫、气、营、血传变步骤，开始即用黄芩、黄连、石膏等，即可阻断病势，缩短疗程，防止其向重症传变。当病之开始，用药得力，即可阻遏病势，或击溃病邪，不必等"到气才可清气"，也不必到后来才用犀角、羚羊角。因为开始用辛凉轻剂，往往错过治疗机会。如果及早用些真能"治病"的重剂，则病可早愈，大可不必受"前后不循缓急之法，虑其动手便错"警诫的束缚。

姜春华临床曾以通里攻下、快速截断邪热来治疗急性胰腺炎等急腹症，用清肺截咳法治疗急性大叶性肺炎等外感温病，其疗效并不逊于抗生素。根据自身的临床经验体会，姜春华从理论到实践的探索中大胆突破叶天士那被奉为圭臬的温病治疗法则，创新性提出“截断扭转”的治疗观点，尤其对急症而创立的“快速截断”，在临床上发挥了极大的效应。急症是指温病或某些疾病发展演变过程中出现的危急症状和病证，它具有发展快、变化速、来势凶、病势重、威胁大等临床特点。急症的表现在于“急”，因此治疗手段要求“速”。大胆使用截断方药，救急截变，快速控制病情，阻止疾病的发展蔓延，在急症治疗学上具有重要的指导意义。姜春华的学生贝润浦医生总结老师生前临床常用的截断法有：（一）汗散或祛邪，截邪于皮毛；（二）苦寒直折，有效地截灭病源；（三）通腑攻下，直捣黄龙，引而竭之，推陈致新，截除病邪；（四）活血破瘀，定痛止血截红；（五）降戢镇逆，平呃、止呕、定喘、截咳，应急顿挫，缓解症状；（六）醒神开窍，救危截变；（七）扶正固脱，力挽逆舟，扭转颓势，化险入夷，迅速纠正邪正比势。姜春华曾治一位女青年，见其患二尖瓣狭窄肺静脉瘀血而致大吐血，面赤、颧红、唇红、脉洪大、便秘，遂用生大黄、黄柏、黄连，苦寒直折，随着大便通下，出血立止。

20世纪70年代末期，姜春华在《新医药学杂志》发表了《叶天士对温病、杂病的理论与治疗》一文，大胆地阐明了防治温病要截断的新理论，对叶天士学术思想进行了评析。他充分肯定了叶天士对温病“卫之后方言气，营之后方言血”这一卫气营血发展传变规律的认识。《温热论》说：“肺主气属卫，心主血属营，辨营卫气血虽与伤寒同，若论治法则与伤寒大异也。”因为人的生理都是相同的，不论伤寒病也好，温病也好，人的营卫气血都是一样的，不过因为病种不同，表现不同，则治法亦异。

伤寒有“风伤卫、寒伤营”之说，而温病则先入于肺，以卫气通于肺，营气通于心，因“逆传”之故，又可见到心营的症状，实即病的进一步发展。由此确立了温病卫气营血分证。叶天士根据温病的全过程分为卫、气、营、血四个阶段，正确反映了温病发展的规律，所以为后来医家所重视。但姜春华对其“到气才可清气”之治疗法则提出了新的见解，认为医者治病当争取主动，应在病之开始即用药得力，阻遏病势发展或击溃之，使病速愈。截断或扭转疾病的发展，使之在本阶段即消灭之，不必等“到气才可清气”，否则尾随追病，造成被动局面，有悖《内经》“治其萌芽”之古训。“治其萌芽”，就是用针对性的有效药将疾病消除在萌芽状态，不致任其发展，此即为扭转截断的体现。《内经》有“善治者治其皮毛，其次治肌肤，其次治筋脉，其次治六腑，其次治五脏，治五脏者，半死半生也”，意思是疾病发展深入，由表入里，以致深入易死。善治病者治之宜早，能在未传变入里就早期解决，如若尾随于病的发展，最终疗效也就在半死半生之间了。所以治疗热病之卫气营血，亦不当尾随为治。所谓“截断扭转”，是姜春华对“治未病”思想的发展。他进一步指出：医者的作用，不仅在于认识疾病发展的规律，更重要的是能够截断或扭转疾病的发展，使之在本阶段而消灭之。否则，听其自然发展以至于死亡，那么这种医生还要他何用？我们不仅要认识温病卫气营血的传变规律，更重要的是掌握这一规律，采取有力措施，及时治好疾病，防止其向重症传变。

中医强调治病求本，姜春华提出的“截断扭转”正是求本之法。此观点包含有两个方面：一为急症创快速截断，截除病源，断止传与变。姜春华治重症温病有三大治则，即重用清热解毒、早用苦寒攻下、及时凉血化瘀。对临床各科急症重症用此法控制病情，可有效截断疾病的发展蔓延，扭转病情恶化，以求提高疗效，缩短病程。二为沉疴善分层扭转。疑难杂症、危重病候，临床往往表现为表里寒热夹杂，虚实阴阳交错等，常被认为难治或不可逆之病证。对此姜春华常根据不同病证，有步骤地或复方多向性地分层扭转，数法并用，兼顾全局，转危为安。总之，“截断扭转”的提出，打破了叶天士按卫气营血证治的一般规律，是在继承中医学传统理论基础上有所发展，有所突破，有所创新。

1978 年，“截断扭转”观点一经提出，便在当时中医学术界引起了一场论战。有人推崇备至，有人表示赞同支持，也有人提出商榷，还有人为叶天士喊冤，直接写信与姜春华讨论，一时热闹非凡。大家各抒己见，形成争鸣的局面。为了通过“百家争鸣”以求得真理，姜春华再著《时代要求我们对温病要掌握截断方药》

一文予以应答，着重提出："个人观点尽可以不同，但疗效应该是个衡量标准。治病不在言论，重在实效。我们不要把叶氏当作偶像顶礼膜拜，不要把他治疗温病的经验当作顶点，要学习白求恩同志那种对技术精益求精的精神，摆脱唯心主义的顶峰论。"真理是经得起时间考验的。临床实践证明，"截断扭转"这一观点，不仅适用于温病，且适用于多种疾病，已为中医学术界绝大多数人所认同，并在临床推广应用，而且在大量临床观察和实验研究中得到证实与发展。截断理论的内涵，也随着时代的发展更加充实、丰富和完善。姜春华用他的实践证明，创新是中医学发展的动力。

姜春华有一方图章，是安徽金石名家谢德寿先生刻赠的，往书扉、函件或宣纸上一按，"截断扭转"四个鲜亮的大字赫然呈现，凸显姜春华对学术的执著，对中医的热爱，对中西医结合的毕生追求。睹物思人，我们真切地感受到他求真务实、敢为人先的睿智人生与治学风范。

授道传薪泽杏林
提掖后学为人梯

姜春华一生为弘扬中医事业不断汲取，不断输出，教书育人，诲人不倦，奖掖后学，桃李满天下。

抗战期间，余无言主办上海中医专科学校，时逸人主办复兴中医学校，朱小南主持新中国医学院。姜春华那时正年富力强，先后受邀在这几所学校任教，承担“伤寒”、“金匮”、“药物”等多门课程的教学任务。

中华人民共和国成立后，为了人民的卫生事业，党和政府制定了一系列保护发展中医中药的方针政策。1954 年颁布了《关于改进中医工作的报告》。市区各级医疗机构开展了中医诊务，有的还设置了中医病床，吸收大批中医人员进入国家医院。同时以中医学院和传统的带徒方式共同培养中医新生力量，继承老中医的学术经验。整个中医事业犹如枯木逢春，显示出蓬勃的生机。就在此时，姜春华来到了上海第一医学院执教，任中医教研室主任兼附属内科学院（今华山医院）中医科主任，开始了在该院的中医门诊、病房、教学、科研工作。1972年，调任中山医院中医科主任；1981年，任上海第一医科大学教授、博士研究生导师。他教书育人，兢兢业业，以培养后学为己任，为中医事业鞠躬尽瘁。

姜春华教学严谨，尽管腹笥深厚、学验俱丰，但他无论为哪个层面和哪类学员授课，准备工作都极为认真。每备一堂课，他都广泛搜集相关资料，将理论与实例融会贯通。为把深奥抽象的理论通俗化、条理化，深入浅出地讲解，达到最佳的教学效果，他自创形象教学法，制作了脏腑生理病理机制图，再用中医术语说明它的机制，便于学生理解接受。后来他为中医学会编写的《脏腑学说（中册）》中便用了此图，出版后广为流传。多年来在中医提高班、西学中班，以及各种讲座、讲学中，姜春华都是这样认真备课，用心传授。谈到对教学的感想，他说："古语'学然后知不足，教然后知困'，教学是学习，先走一步，必须自己弄懂弄通。"他还根据不同对象，因材施教。中医学会办的经典著作研究班，他任班主任，招收的学员都是中医学院毕业并有10年以上临床经验者。对这些学员，他提出老师应该重在启发、指导对中医经典、中医理论、中医临床的研究，因为学员多有较好的理论基础和多年的临证经验，课本的东西应以自学为主，教师不作字疏句解。这届学员通过学习，中医理论得到加强，临床分析问题和解决问题的能力大大提高，大家认为收获很大。第二届再开班，入学人数倍于上届。

姜春华学风扎实，强调学习中医首重熟读古文，并注重经典原文，从源识流，学有根底。教学提倡教给学生学习方法，“授人以渔，而非授人以鱼”，培养学生自己分析、理解问题的能力，开拓学生的研究思路。中国科学院院士沈自尹教授，一代中西医结合大家，早年西学中从师姜春华，就是在姜春华精心启蒙下精读中医经典，勤研百家之说，并在随师多年的临床实践中，善于总结归纳，运用医学理论与科技，率先对中医称为命门之火的肾阳进行研究。他发现肾阳虚证病人，其反映肾上腺皮质功能的尿17-羟皮质类固醇值明显低下，经补肾中药治疗可以恢复正常。通过对同病异证组进行下丘脑-垂体-靶腺轴功能的对比研究，推论肾阳虚证主要发病环节在下丘脑。证实肾阳虚证有特定的物质基础，既从临床上证明中医的“证”是科学的客观存在，又用科学语言阐明“肾阳虚”的本质。1959年，姜春华与沈自尹师徒共获卫生部颁发的“发扬祖国医学遗产”金质奖章。华山医院的陈泽霖教授，中山医院王佩芳教授、蔡定芳教授，上海医科大学药学院戴克敏教授，岳阳医院的徐敏华主任，都先后得到过姜春华的传承、教诲和培养。

姜春华总是教导学生：“学中医要走样，总是老样子肯定不行。走样就是求进步，而中医只有不断进步，才有前途。”走样就是发挥创新。他鼓励后学要结合实践，勇于对前人质疑，纠偏匡正。如既要对叶天士提出的温病卫气营血的传变规律给予总体肯定，又要勇于突破其“到气才可清气”的清规戒律，以求实的态度、创新的勇气，力求把好卫分关，及早在卫分采取果断措施和特殊功效方药，清解邪毒，攻击祛邪，达到迅速祛除病邪、逆流挽舟之效。他更倡导“立足中医，西为中用，古为今用”。立足中医，是指站稳中医立场，真正以中医理论为核心，不失中医辨证论治的精神。西为中用，是说在今天的条件下，要充分运用西医学知识（广义地说，包括各种现代科学知识），克服中医学的历史局限性，以求阐明机理，使现代科研成果最大限度地为提高中医的临床疗效服务。古为今用，是要把前人留下的医学理论、临床经验继承发扬并为当今医疗服务。

1981年，姜春华受聘为上海中医学院专家委员会顾问、上海市中医文献馆顾问。那时他已是古稀老人，身体也欠佳，但仍抱病在上海市中医文献馆开设教学门诊，寒暑更迭，从不间断。当年中医文献馆有许多中青年医生跟他抄方，听他讲学，得益于他的授教，现在都已成为临床骨干、中医界的栋梁之材。全国第二批老中医药专家学术经验继承工作指导老师、首届上海市名中医张云鹏主任回忆起姜春华时满怀敬重之情。那时上海市中医文献馆经常开办全国性的中医学习班、培训班，但凡有邀，姜春华总是不辞辛苦地为来自各地的学员讲课，授业解惑，传薪医道。张云鹏在文献馆负责老中医经验研究工作，经常聆听姜春华学术之见，并与之切磋中医发展之道。1990 年张云鹏领衔开展的国家课题“姜春华教授临床思路与方法的研究”，获上海市卫生局科研成果奖。

姜春华不仅以言教人，而且以身感人，言而有信，行而必果，平凡之处尽见拳拳之心。1966～1976 年，他响应国家号召，到市区及农村进行开门办学，培训基层中医及赤脚医生等工作。在华漕公社周滨大队开门办学期间，有一次，姜春华约定周一上午为学员上课。可是这一天拂晓，大雨滂沱，同时刮起五六级大风。许多学员说：“看情况，姜老十有八九从上海赶不来了。”时隔不久，姜春华却踏着一路泥泞，顶风冒雨准时赶到，为学员上课，使在场的赤脚医生和学员们都深受感动。姜春华在上海第一医学院医学系试点班教学期间，已年届花甲，患有高血压病，保健科经常给他开全休或半休证明，但是他总是不声不响，把病假单藏起来，坚持在中医内科门诊带教，从不请假。一天，姜春华面目浮肿，头部胀痛，同事们都劝他回家休息，但他仍坚持带教，把病人看完，方始与学员一同下班。

多年来，姜春华从事临床实习指导，不停地应邀赴外地讲学，总是来去匆匆，风尘仆仆。1978 年，应北京岳美中教授之请，姜春华到北京为岳老创办的高级中医研究班讲学。他以博学深厚的功力，超强的记忆力，在讲课中旁征博引，使所讲知识形象易懂，学员反映极佳，交口赞扬。岳美中教授赋诗赞誉姜春华并表敬慕之情："公才公望重南天，表率唯尊孰与先。垂老不辞千里远，披颜恨晚十年前。"1986 年，时任安徽省芜湖地区中医学会秘书长的季佛基函请姜春华去讲学。姜春华满口应允，还认真准备了讲学提纲寄给季佛基征求意见。8 月，骄阳似火，他履邀去芜湖讲学。当时来听课的除芜湖地区9个县中西医务工作者外，还有很多同道从外地赶来。在坐满500多名听众的会堂里，77岁的姜春华脱稿侃谈，重点突出，引人入胜。长达6个多小时的学术报告，全场听众如醉如痴。他独到的临床经验，独创的研究思路，让听者无不称道折服。朱良春教授曾评价：听姜春华的讲学是一种高层次科学性的艺术享受。

姜春华晚年，虽然两度中风，精力渐退，但他卧病在床，仍念念不忘中医学的进展。大病初愈，精力恢复后，他又到北京、广州、安徽、香港等地去讲学，并多次接待国际友人、学者的来访。那时常有慕名从外地来上海投拜的学子私闯姜府，冒昧求见。姜春华从不责怪来者，相反还糖果招待，传道解惑，题字赠书，畅谈医道，循循善诱，诲人不倦。安徽省无为县二坝镇卫生院副主任中医师彭益胜回忆他与姜春华的师生之缘时说："我在未认识姜老之前，在中医杂志上常读他的医学论文，对他的学术观点，内心至为佩服。后来又购得《姜春华论医集》，对姜春华在中医学方面的继承与开拓精神，有了深层次了解，愿投姜春华门下学习中医。事也巧合，1988 年，为送病人去上海，得以有机会拜见姜春华教授，咫尺之间，更真切地感到老人知识广博，医术精深，令人敬仰。我当即坦然请求说：'我的启蒙老师早已过世，今苦于无人指教，就拜您老为师吧。'姜老当即欣然接受，并赠我一本新著《伤寒论识义》。我请他在扉页上签了名，姜老还给我加盖'截断扭转'印章。我只是一介贫生，知识浅薄，这位国内外著名教授待我至诚，觌面无推，又怎能不使我感动敬佩呢！"

即使病重期间，姜春华仍不忘传授医疗经验，制作讲课录音，指导学生门人学习为医必读之书，进行各种医学资料的整理，从事中医经典著作的研究。当人们劝他："姜老，多歇歇吧，来日方长，等身体养好再工作不迟。"他慨叹地回答："'老牛自知夕阳短，不待扬鞭自奋蹄'，来日苦短，不是方长，剩余时间不能浪费。"听者无不动容。姜春华献身中医事业，毕生为继承和发扬中医学术呕心沥血，竭尽全力，作出了杰出贡献。其授道传薪泽杏林，提掖后学为人梯的品质，令人崇而敬之。

医治血虫显奇效
为病寻药起沉疴

中华人民共和国成立后，姜春华于1954年放弃私人诊所，进入上海第一医学院内科学院（今华山医院）工作。20世纪50年代血吸虫病流行猖獗，上海郊区有些地方人群感染率高达70%～90%，不少晚期肝硬化腹水患者因无法医治而死亡，一些村庄出现了人亡屋空、田园荒芜的惨状。连毛泽东主席的诗中都慨叹“青山绿水枉自多，华佗无奈小虫何”。为了发挥中医学的作用，向“小虫”挑战，姜春华向院领导提出建立中医病房，收治腹水患者。他的建议当即得到了领导的支持，并配备了从上海医科大学毕业的沈自尹医师作其助手，跟从他学习中医。他们所收治病人的病种中医称为鼓胀，即晚期肝硬化腹水。姜春华用其扎实的中医临床功底，采用先攻后补、先补后攻和攻补兼施的辨证论治，很多病人腹水消失，肝功能恢复，一批又一批病人病愈出院。姜春华曾治一肝硬化腹水继发感染病例。患者高热身羸，黄疸色晦，腹大如瓮，脐眼突起，青筋暴露，气促口渴，尿闭便秘，唇紫舌红，干瘪苔黄，脉弦数，病势危重，预后极差。姜春华会诊说："此病例病情复杂，标本俱急，正虚邪盛，热毒内蕴，水瘀互阻，隧道阻塞，单治一个环节、一个层次不能奏效，要运用中医大方、复方的长处，采取多层次兼顾的方法，照顾到各个环节，使之互相呼应，始能扭转危象。"方用党参 30g，黄芪 30g，白术 30g，金银花 30g，连翘 15g，虫笋 15g，陈葫芦 15g，丹皮 9g，茯苓 15g，川连 6g，牵牛子 6g，炮山甲 15g，商陆 3g，槟榔 9g，桃仁 9g，赤芍 9g，车前子 15g，枳壳实各

6g，另用生白萝卜 2500g 捣烂取汁浸脚。患者用此方 5 日，泻下垢粪甚多，小便通畅，热势渐退，鼓胀已消大半。患者家属及病友惊喜不已。当时现代医学认为肝组织纤维化已不可逆，中医药能退腹水、缓解病情甚至获得临床治愈的效果，不可思议。院领导对此十分重视，亲自深入病房，采用中西医两种方法检查诊断，用中医的辨证论治，西医的指标观察，用硫酸镁泻下作对照观察，当时总结了 40 例，治愈率为 70%。对 13 例腹水消退后的患者进行手术根治，使晚期患者获得了新生。中医药的疗效得到证实后，即被《解放日报》撰文宣扬，充分肯定中医药治疗肝硬化腹水的效果，在社会上引起了强烈的反响。同年沈自尹医师也撰写了总结论文，刊载于《中华内科杂志》。一报一刊具有权威性，因此引起全国重视。姜春华为中医进驻西医院校打响了第一炮，为中西医的结合拓展了新路，为整个中医学界赢得了荣誉。

在成功的起点上，姜春华又开始了新的更深层面的思考：有的患者鼓胀、腹水消退而肝功能未改善，这是否能算痊愈？临床怎样才能正确地认识证与病的关系？不少疾患用常规的理法方药效果不明显怎么办？随着西药的不断发展，中医的前途又将如何？姜春华深切地体会到，“医之所病病道少”，确实言之不谬。

“物竞天择，适者生存。”为了中医学术的永存，只有破除旧规，创立新规，发展变化，不能在原来的认识水平上停滞不前，要用新的科学成就和方法，来研究和揭示中医。西医是建立在现代科学基础上的医学科学，中医也是研究人类疾病的科学，中西医研究的对象是相同的，多可相互印证。在40余年中西医结合的道路上，姜春华带领由各学科专业人员组成的科研队伍，开展对中医肾的本质、活血化瘀、舌诊等多个课题的研究，取得了极大的成就。通过“肾本质的研究”，用现代科学的理论与实验，论证了中医肾阳虚证的本质，开创了对中医藏象学说的研究。同时首次用科学的手段阐释和证明了中医“证”是有其物质基础的。《肾的研究》一书被日本学者翻译，并一版再版。“活血化瘀研究”课题获得1978年全国科技大会重大科技成果奖，被日本学者誉为“为西医学扩充了视野”。《舌诊研究》是我国第一部用现代科学手段研究中医舌诊的著作，对中医四诊客观化影响深远。这些都为研究中医理论的实质提供了宝贵的经验和中西医结合科研的模式，有些研究成果还丰富了西医学的理论，改变了某些“定律定法”。这些研究促进了我国中西医结合的发展。

对于中西医的科研，姜春华的态度是：我们的中西医结合工作者应把十分之二三的力量用在理论研究，把十分之七八用在临床上。临床经验积累多了，再重点地搞理论研究，这样我们的理论研究就会在临床实践有效的基础上不断前进。他主张科研为临床服务，要源于临床，用于临床，高于临床，最终推动中医学的发展。

姜春华关注现代医学的发展动向，始终站在中西医结合的前沿。但他又是一位功底深厚、学识渊博的地道中医。他科研不离为中医临床服务，临床不离“辨证论治”这个中医的灵魂。他说：“丢掉了辨证论治，将失掉中医的精神。”“辨证论治”就是认识主要矛盾、解决主要矛盾的过程。在不同的“证”中寻找其同一个病机，抓住主要病机进行治疗，病证就能迎刃而解。它不受病种的限制，异病可同治，治病求本；而同一种病若表现有不同的证，则存在不同的病机，治法也就不同，体现中医同病异治的精神。姜春华曾治一病人，呃逆持续十数日，昼夜不停，家属惶惶。在当地医院西医迭用阿托品、利他灵等均无效，中药、针灸治疗也未奏效，辗转找到姜春华。症见息粗、口干、大便欠畅，为胃家实症状。姜春华曰："此胃气上逆也。"投以承气汤以荡涤泻热通腑气。一剂肠腑得通，胃气得降，呃逆遂平。姜春华还采用同样的方法治疗急性胰腺炎属腑实证者、治疗外科火热毒邪的丹毒等，直折病势，截断病邪传变而取得显著疗效。

临床还常有一些患者确有其病，但又无明显可辨证候。如有些血小板增多症患者，脸色红润，脉搏也正常，临床如何辨证？这时候，姜春华提出先辨病，后辨证。只有通过辨病，才能明确病源。辨病可借助现代医学的检测手段，通过血象检查可知血小板增多。再如浮肿为临床常见症状，但心、肺、肝、肾等器官的病变都可引起。所以借助现代医学的检查很有帮助。姜春华对临床疗效要求不断提高，认为症情的缓解并不等于疾病的痊愈，如肝炎病人，经过治疗，外在的证候改善了，肝功能也转正常了，但是病毒抗原还呈阳性，能说病好了吗？

这也说明了辨病的重要。

辨病与辨证相结合，可以弥补中医诊断的不足，目的就是为了明确诊断，提高疗效。辨病与辨证相结合，促使姜春华又勤于为病寻药。他博览群书，广搜众采，集各家治病的有效药物，精选民间验方，结合自己多年的临床经验，创制了一系列治专病的专方专药，这也是他辨证辨病相结合学术观点的体现。他所创制的经验方药有：治疗哮喘的“截喘汤”（老鹳草、佛耳草、碧桃干、旋覆花、全瓜蒌、半夏、防风、五味子等）、“紫香散”（紫河车、蛤蚧、生晒参等），治咳嗽的“截咳方”（百部、天浆壳、南天竹、马勃等），治肝硬化的“软肝汤”（生大黄、桃仁、䗪虫、丹参、鳖甲、炮山甲、黄芪、党参、白术等），治慢性肾炎蛋白尿的“黑大豆丸”（黑大豆、山药、黄芪、苍术等），还有养阴益气、病后调理的“益春饮”（黄芪、生地、石斛、首乌、生山楂等），治疗久泻便溏的“益气止泻汤”（黄芪、党参、制附子、乌梅、木香、川连、马齿苋等），治疗骨骼肌肉疼痛痹证的“地乌蠲痹汤”（生地、制川乌、威灵仙、蚕砂、秦艽、乌梢蛇、怀牛膝、五加皮等）。

“千方易得，一效难求。”姜春华为提高中医疗效殚精竭虑。民间单方、草药也是他搜集特效方药的重要途径。有些草药治病有效，却讲不出道理，姜春华认为，凡是能够治病的（除掉偶然性），其中必有道理，一时讲不出来，以后自会明白，不能因噎废食。六神丸、玉枢丹，古人说不出道理，临床依然应用。姜春华认为，单方草药有时能起沉疴，还能应急救变。他在临床用玉米须、六月雪治蛋白尿，开金锁治气管炎，天浆壳、天竹截咳，鸡骨草治肝炎，地锦草治下痢等，开拓了用药思路，提高了疗效。又有大剂量丹参治疗失眠，大剂量小蓟草降血压，大剂量生地治风湿性关节炎，重用芍药、甘草止呃逆，选用冬虫夏草或炮山甲、鳖甲、僵蚕等纠正慢性肝病白蛋白、球蛋白比例倒置，等等。有的同行不以为然地说：“草药是‘草泽医’所取，舍仲景而取法于‘草泽’，何其颠倒?”姜春华坦言：“药贵治病，不在于官药草药之别，而在于疗效怎样。”明朝方隅在《医林绳墨》中就曾指出，有些官药（常用中药）治黄疸不如草药有效，如田基黄、平地木。姜春华赞赏这个说法，因此他在处方中也常用草药。他还利用一切机会学习辨认中草药。他到市郊农村培训中医及“赤脚医生”期间，不但为那里的学员精心授课，同时还不失时机地实地学习中草药，辨认中草药，虚心向当地的群众、“赤脚医生”请教，甘当小学生，边看、边认、边采，踏踏实实地学。每次采回草药，他都在桌上铺上纸，执起铅笔，描绘一遍，边描边眯起双眼说：“嗨，这样就不会弄错了。”姜春华说：“我向‘赤脚医生’学习中草药，不是为了装门面，而是为了治病，解决病人痛苦。”

理论联系实际，理论与临床的结合，使理论在医疗实践中不断得到深化和发展，临床实践又不脱离正确的医学理论指导，使医理与临床相得益彰，不断丰富自己的临床经验，在继承中发挥、发展中医学。数十年来，姜春华就是这样看病、读书、思考、总结，一步一个脚印，成为一位名垂中医史册的中医大家，一位受人尊敬的中医科学家。

德艺双馨薄名利
鞠躬尽瘁厚岐黄

姜春华精医道且重医德，在病重期间写下的最后一篇随笔《求知重德为医之要》，记载了他德艺传薪的心声：“为医者首先不是为了钱，而是以一己体恤之心，解救病人疾难，皆如至亲之想。诊病疗疾不能打包票，西医中医都不能包治百病。特别像我们这些有了名气的医生，也不能为了顾全自己个人的名誉，对待看不好的病硬去打肿脸充胖子，结果是贻误病人，也害了自己。其实这也是一种医德的体现，虽然有些不那么合流，有些迂腐，但我还是依然不悔。”

姜春华育人不但精心授业解惑，传承医道，

还着力培养学生做人的道德和为医的医德。他常对学生说："一个医生的道德品质修养越深厚，他为患者治病的医德水平就越高尚，就越能更多地为病人解除痛苦，对社会能尽到自己应尽的责任和义务，并为成为一名真正的人民医生而感到愉快。"他是这样说的，更是率先这样做的。他引清代名医费伯雄的话"欲救人而学医则可，欲谋私利而学医则不可"自勉。早年在上海百年老字号徐重道挂牌行医时，姜春华对穷苦大众经常是不计诊金，还送药给贫苦患者，常曰："行医即行道，医以济世救人为主，不为金钱。"体现了"为医者，医德第一"的高尚情操。平时上门求诊者为数不少，他对所诊病人不论男女老少、贫富贵贱，都一视同仁，从不收取谢金。

尽管姜春华学验俱宏，但在学术上他一直谦虚、严谨。每当有人称颂他医道高明，或称他"名医"、"著名医家"时，他总是摆摆手说：

“我的本事还不大，有许多环节还未解决，要继续学习研究。现在我还只是个普通医生。”1988年8月，一位慢性乙型肝炎病人因久治不愈，经人介绍，写信向姜春华求治。信发不久，即收到姜春华回信，信中说：“我前年因病不能上班。对于此病（指乙型肝炎）经过摸索，只能说相对有效，不能说绝对有效。”并在信中嘱咐：“如来诊，不收诊金、礼品。不必专程前来，顺便可也。”既谦虚诚恳又淡泊名利。

姜春华的医德还体现在对病人有高度的责任心方面。为了更好地应对当今的疾病，他常把日间所看的疑难杂症或可作教学借鉴的案例记下来，晚间在灯下浏览各家学说，翻阅相关中西医文献，寻找研究古今疾病的异同与治疗方法，准备下次复诊时有更好的辨治思路与方案。他说：“人之病在病多，医之病在道少。多补充一些医道，有何不好？”他主张开拓引进，不主张自我封闭。曾有个医师，三年前因抢救病人连续五日未眠，突然昏倒，随即发热，经治疗后热退身凉，但从此后长期怕冷，畏寒不愈。曾辗转于数省市求医，经多方治疗无效。在上海被诊断为“体温调节功能障碍”。前来姜春华处就诊时，正值7月酷暑之际，患者虽身着绒衣衫裤，外加棉袄，犹频频呼冷不已。诊见患者呈寒战状，全身乏力，肢体沉重，精神萎靡，嗜睡，常多汗出，两胁隐痛，常感口干，舌苔白厚，小便黄赤，脉象微弦，重按无力，两尺尤弱，姜春华辨证为过度劳伤，耗竭肾阳。肾阳虚衰，水湿不得气化，湿热中阻，肝木抑郁，阳气无以升发，则寒盛惧冷。遂书一处方，用附块、肉桂、干姜、益智仁、仙灵脾以温肾阳，黄柏、黄连燥湿清热，柴胡疏肝，红枣补中。服10剂后，患者欣告全身轻松，精神振作。再诊，白苔退，小溲清，不穿棉衣已不觉冷。续服上方数剂善后。翌年患者来信谓，虽严寒之天，亦不复畏寒。医界均折服赞叹。而姜春华认为，阳虚之证，温热论治实属常法，前医以此论治罔效，是疏忽了湿阻阳郁，故用柴胡则有助阳升发之妙，为他人所未为。针对这一病案，姜春华又参阅前贤的医论，发现古人治疗夏月畏寒衣裘者，不一定均用温阳，也有治验。如朱丹溪治天舍周进士病恶寒，虽暑亦必以绵蒙其首，服附子数百帖增剧，丹溪诊之，脉滑而数，即告曰此热盛而反恶寒也。乃以辛凉之剂，吐痰一升许，而蒙首之绵减半。仍用防风通圣散治之而愈。姜春华将此案例特别摘录并告诫后学："对畏寒患者的治疗，宜详审病情，分清寒热，切忌泥古之法，或过服辛温，以防病情恶化。特录此，供临床借鉴。"姜春华弘扬学术，对病人高度负责的精神由此可见。

姜春华临床经验丰富，是著名的肝病专家。许多肝炎病人经他治疗，症状有了很大改善。但他认为，现在肝病指标除中医望、闻、问、切四诊所得外，西医尚有很多，如血的化验数据、超声波图像及肝脏扫描等。所以，不能轻易下结论，说肝病已完全治好。他认为治疗肝病要结合西医诊断，不断探索、总结、提高。要使患者症状减轻或消失，肝功能改善并且HBsAg（抗原）转阴，才可以说有疗效。于是他认为，“迁延性肝炎”、“慢性肝炎”、“肝硬化”都是久病成瘀，治以活血化瘀为主，兼疏肝理气，根据不同病情，制订先攻后补、先补后攻和攻补兼施三条原则，总以病人体质、症状、化验指标合参。慢性肝炎患者，除血瘀外，还多有气虚、阴虚或气阴两虚证候。其调治方案为：辨别轻重缓急、正虚邪实，分别治之以活血化瘀法加用健脾益气、补益肝肾之类；或一法坚持到底，或几法交替，或改弦易辙，临床收到良好的疗效。为防止肝硬化，加用炮山甲、鳖甲、僵蚕，有软肝之效。如有白蛋白、球蛋白比例倒置，每日则加用冬虫夏草3～5g，以纠正之。当慢性、迁延性肝炎又伴肝功能不正常，尤其是转氨酶增高时，又可出现热毒之证，这时则采用活血化瘀与清热解毒药配伍，选用大黄、桃仁、地鳖虫、赤白芍、丹参、紫参、垂盆草、田基黄、岗稔根、蒲公英、龙胆草、羊蹄根等，以改善肝内血液循环，消除炎症而使转氨酶下降。对于慢性肝炎见有锌浊度增高、絮状试验阳性等，姜春华认为往往表现为血分有热，就采用活血凉血法，活血药配以丹皮、连翘、羊蹄根、蒲公英等清热凉血等，如是，创造了其独特的治肝病经验。姜春华又把活血化瘀应用到临床其他疾病，如冠心病、心绞痛和缺血性心肌炎、再生障碍性贫血、乙脑、流脑、败血症、中毒性肝炎、脑血管意外、尿毒症的昏迷期以及慢性阑尾炎、胆囊炎、胆石症、胰腺炎、肠梗阻、宫外孕等多种急腹症。姜春华就是这样为了病人，对疗效追求好上加好。

姜春华不仅以治肝病闻名，而且治疗哮喘、慢性支气管炎、肾炎以及疑难杂病等也得心应手，屡有效验，还自拟了许多有效的专方专药，临床灵活化裁，屡起沉疴。姜春华与裘沛然交往甚笃，论医评物，持论多合，常有医案互为交流析疑。裘老的记忆里有一则姜春华治一感冒病人的事：患者罹疾达半年之久，服中西药物殆遍，一直未能见效，最后辗转求治于姜春华。按说感冒仅系小病，而大医院大专家却皆无良策！姜春华稍为望诊，即处补中益气汤一方，摒除一切解表宣肺化痰止咳等药，仅服3剂，缠绵半年之疾霍然而愈。裘老不由感慨：中医学向以具有整体观点为重要特色，凡业中医者类能道之，然一病当前，亦往往为局部症状表现所拘而忽视对全身考虑，故虽小小感冒，亦致迁延日久而未愈。姜春华识病既准，用药又纯，竟能起他人久治不效之病于俄顷之间，此益可证明中医学整体思想对临床诊治之弥可珍也。

因姜春华名扬大江南北，常有外地患者慕名来沪求医于他。他一概热情接待，还怕病人徒劳往返，每当诊余在家，他就在门上贴一张纸条“上午不门诊，在家”，所以病人找他很容易。门铃一响，姜春华即持杖开门热情接待，诊后还亲自送到门口。有时病人需要西医明确诊断，姜春华还会亲笔写信给上海有关医院的熟人，请求人家帮助，给病人提供方便。外地病人治疗返乡后，姜春华还常去信询问诊治后的病情。他视病人为亲人，以高尚的医德、高超的医术，常常救患者于危重。病人视他为救星，常常发自内心而要酬谢恩人，都被他婉拒。曾有一位安徽肝硬化病人来上海向姜春华求诊。姜春华先亲笔写信给瑞金医院专家，要求检查确诊，然后开了药方让病人带回家治疗，并仔细叮嘱“缺药可向上海福建路群力草药店邮购”；事后在与患者的家人通信时还一再嘱咐

“病人生病在精神上已有沉重负担，在经济上又已损失不少，不应使其再有额外花费，此嘱”。姜春华爱护患者之心至诚可见。他要求医生要有易位思维，要常设问：假如我是个病人……

考虑到姜春华年事已高，上海中山医院有意减少他的工作量。而他总是闲不住，只要是为了病人，有求必应。一次，全国书市在上海举办，并为一本书的发行举行专家义务门诊，姜春华满口答应。太阳过了正午，病人仍不断地缠着他求诊，差点与工作人员吵了起来。他摆摆手，极其耐心地笑呵呵看完了最后一个病人。别人已吃完了午饭，他还空着肚子。主办单位递上两罐啤酒，他连声说：“谢谢，谢谢！”还有一次，已78岁的他应安徽省芜湖地区中医学会之请，前往宣城地区二院（宣城市医院前身）进行专家义诊。由于病人太多，中午12点多了却根本下不了班，还有好几个候诊的病人眼巴巴地望着不肯离去。那时他已经患有糖尿病，可是为了病人，他一上午没动地方。当他耐心地把所有病人看完，已是下午1点多，他这才急呼："赶紧帮我找厕所!"亲睹这一幕的在场所有人无不为姜春华急病人所急的高尚医德深深感动。

到耄耋之年，尽管自己身体也欠佳，姜春华还是每个星期有半天时间为病人门诊并兼带教，而且只允许收普通门诊费，自己分文不取，全部捐献。为继承和发扬中医学事业，姜春华毕生呕心沥血，竭尽全力，鞠躬尽瘁，死而后已。

满腹经纶谦君子
从善如流扬英名

姜春华是一位理论与实践俱丰的学者，著名的中医学家。但他为人谦虚，宽厚温和，在人们的心目中是位很平易的长者。

据一位当年在上海科教电影制片厂工作的摄影师回忆，摄影组为拍摄科教纪录片《胆结石的奥秘》（此片 1981 年获卫生部全国优秀科教片奖），介绍胆结石的中西医治疗方法，曾采访姜春华。没见面前，大家心中有种敬畏感，既对大师敬仰，又怕这样高级的知名专家对他们不屑一顾。可是见面后，不由得便将敬畏化为敬重和敬佩了。姜教授一身中山装，语气平缓，神情祥和，亲自为他们倒水递茶。在介绍完胆结石发病原因、中医治疗优势、自己在临床常用的“胆石方”后，姜教授又一再强调，治疗胆结石的“胆石方”不完全是自己的创新，是在古人经验方的基础上进一步完善而已。而且，拍摄镜头时，他一再推辞，不肯出镜。他的儒雅、睿智、谦和、平易近人，给人留下了难忘印象。

“生不用封万户侯，但愿一识韩荆州。”常有各地学者、同道或私淑者仰慕姜学，或登门造访，或书信求教。姜春华从不端架子，也不保守，总是热情接待，有问必答。江西省鄱阳县中医院朱炳林学效姜春华临证经验，用“治痹方”（由制川乌 9g，生地 60g，威灵仙 9g，蚕砂 15g，秦艽 15g，乌蛇 6g，怀牛膝 9g，豨莶草 15g，五加皮 15g，独活 9g 组成）于临床获显效。为总结经验，弄清此方配伍思路和机理，同时也为一睹姜老师的风采，亲聆教诲，朱炳林专程赴沪，辗转打听到姜春华住址，直奔姜府谒见。姜春华热情接待了他，对他的冒失丝毫没有责怪，毫无保留地讲解了自己组方用药的寓意。姜春华谓："此乃自拟'治痹方'，方中生地要重用，其意有三：一是生地甘寒，滋阴养血；二是缓和诸辛温燥烈之品，免伤阴血；三是地黄有除痹作用，早在《本草经》中就有记载。"又语重心长地说："中药的性能功用是前人经过无数实践才获得的，前人付出了一定的代价，乃其心血之结晶。中药是个宝库，副作用少，有着广阔的前途，我们一定要好好继承这份宝贵遗产。"临别还从书橱里取出《热病衡正》一书，题上字，再盖上"截断扭转"朱印，赠送给这位慕名拜见者。

在姜春华的案头上，经常堆满各地的来信，从求教学业到学术探讨，从诊病处方到指导康复，他都一一答复。他因为糖尿病引起视网膜并发症，视野狭窄，但他戴着老花镜还要在眼镜的左侧夹上一张纸片，说是这样挡住光线的干扰，比较容易看清眼前近距离的物象。就是这样地吃力，他还是坐在写字台前认认真真地写信，认认真真地回复。

姜春华满腹经纶，与他交谈，常常会从他的妙语连珠中感受到他纵贯古今的学识和不凡的见地。但他从不骄狂自大，而是客观公正，从善如流；对学术评析，持论公允，有是非之辨，而无意气之争。他在 20 世纪 70 年代对急性热病提出独创的“截断扭转”学术观点，打破了卫气营血证治的一般规律，本是中医对温病辨治理论上的一个飞跃，却引起当时中医界的强烈反响，褒贬不一。那时他因腰椎压迫性骨折，正在中山医院卧床治疗。南通的朱良春教授去探望，他还非常高兴地谈到学术论争之事，说：“部分讨论性意见很好，我乐意接受，予以答复。但也有一些意见，不值一道，无须驳斥，一笑了之罢了！”可见他虚怀若谷、从善如流的学者胸怀和宽容的态度。

姜春华对古代中医著作、历代流派，均进行了研究，持论公正，唯以实事求是为依归，均取正确者肯定、差误者纠偏的态度。如中医关于运气学说，有强调其重要者，所谓“不通五运六气，遍读方书何济”；也有贬其为无用者，说“学之徒劳无益”。姜春华认为，运气之说若按其规定则近迂，然重视其名言精义则大有用，今所用治则多来自“运气”诸篇论述，如其亢害承制之理，尤为临床医家所要掌握之重要机枢。对运气学说给予客观的评价。

姜春华一贯善取各家之长，临床医疗中不断实践、不断验证，既丰富了自己的临床经验，又使医理在临床中深化和发展，不断在继承中发扬、发展中医学。姜春华常说：要采众家之长，消化吸收，形成自己的东西，就要像蜜蜂酿蜜似的，采百家花粉酿独家之蜜。

姜春华学宗仲景，旁及诸家，既悟经方之旨，也集时方之长，择善而从，以疗效为主，不拘一家；对汉唐以后的各家学派，也善于吸收。姜春华推崇张景岳，认为明代张景岳学识广博，有独立见解，所组新方颇多创新，为一杰出人才。姜春华指出，吴又可为治病而找针对性药物，但忽视了君臣佐使，把治疗看得太极端太单纯了，这是有问题的。但他同时对吴又可丰富的临证经验表示敬佩，认为许多地方足资学习，如吴又可治病常用下法，大黄尤为常用。《急症急攻》篇说："温疫发热十二日，舌上苔如积粉，早服达原饮一剂，午前舌变黄色，随现胸膈满痛，大渴烦躁，此伏邪即溃，邪毒传胃也，原方加大黄下之，烦渴少减，热去六七。午后复加烦躁发热，通舌变黑生刺，鼻如烟煤，此邪毒最重，复瘀到胃，急投大承气汤，傍晚大下。至夜半热退，次早鼻黑苔刺如失。此一日之间而有三变，数日之法一日行之。因其毒甚，传变亦速，用药不得不紧。"姜春华赞赏说："吴氏在一日之间三易其方，二用下剂，视病之传变之速，其所谓急症急攻，若逢一般胆小医生，病人必死无疑。”

姜春华出身中医，却对西医从无门户之见。为了提高中医临床的疗效，他不断吸收西医的新理论新科技，与西医学者为友，虚心学习，相互切磋，取长补短。当年华山医院的钱德教授、瑞金医院内分泌学专家邝安堃教授都是他的好朋友。他说有科学素养的人，尊重事实，在事实面前认可中医，这是值得尊重的真正的学者。

儒雅书生重豪情
形神俱养乐天伦

姜春华家，没有富丽豪华的装潢，却有浓浓的书香。举目是书，处处透发着主人的儒雅博学。对于嗜书如命又好挥墨的姜春华来说，书斋兼卧室确显空间不足，好在他的居室有东南两门，东门外是晒台，约有 $20m^2$ 大小，兰菊梅竹点缀其间，也绿意盎然。三分之一处还放置石桌石凳，闲来品茶赏月，友朋对饮，颇有世外桃源之雅。姜春华几十年如一日，手不释卷，在浩瀚的书海中遨游，寻求中医发展之路；在实践的广阔天地里徜徉，论证中医发展之道，把全部的精力都投入到了探求中医发展大业之中。

姜春华生活俭朴，但也讲究。他好喝茶，尤喜绿茶，并且独独选中了不浓不淡的安徽绿茶。他说龙井好是好，但不经泡。他沏茶的水必是自家接存的天落水。在姜春华家晒台上，有一口蓄水缸，夏接雨水冬存雪，沏茶烧的水就取自此缸中。清茶一杯，茗香缭绕，他遨游医书典籍之海洋，辨章学术，考镜源流，不求物质享受，但求精神世界的充实和富有。

啤酒是他的最爱，一年四季，啤酒主餐；又擅长伊尹烹调之术，每自制美食以佐饮。姜春华颇有古饮者之豪情，遇有知己千杯少，夜阑酒酣，欲罢难休。在《裘沛然选集》中有一段姜春华早年饮酒醉酒逸事：一年初春，姜春华应友人之招，痛饮至深夜，饮尽啤酒 12 瓶，归途沉醉而卧于地，露宿一宵，至翌晨始抵家门。姜春华逝世 10 周年之际，裘沛然赋诗："四海多同道，清狂独数姜。风云医卓荦，天地酒铺张。细雨灯如梦，深谈夜未央。书多吾辈事，忆旧到羹墙。”以示追念。

姜春华坦率真挚，多才多艺，学识广博，思想活跃，这也是学者乐于与他往来交流的原因。他从不恃才傲物，而是善与众人为友。朱良春、裘沛然、陈可冀、夏仲方等许多业内同道都是他的好友。他们常常聚首谈医论道，甚至切磋通宵。好友造访，他总是亲自下厨操刀，展示厨艺，做几个小菜下酒。他喜欢吃鱼，常让人到乡下买来鲜活的鱼，清蒸或红烧，大显身手。1982 年，卫生部中医司组织编写《实用中医内科学》，在上海进行统稿、审稿，朱良春应邀负责审稿，住在上海延安饭店工作了 3 个月。星期日休息，朱良春经常到姜府畅叙。姜春华非常高兴，每每自己动手烧菜。二人畅饮着啤酒，边吃边论医学之道，推心置腹，愉快尽兴。上海中医学院（现上海中医药大学）裘沛然、华东医院夏仲方都是他的挚友，座上常客。裘沛然诗文兼长，博学广识；姜春华多才多艺，酷爱诗词书画，写得一手好字。两人同语甚多，每值夜阑人静，酒酣耳热，茗香烟绕，谈古论今，评述事物，笑傲人间，对诗作画，各得其乐。闲聊中每多精辟之论，而诙谐百出。姜春华比裘沛然长7岁，晚年相聚，更属难得。上海市第一届中医研究班开班时，姜春华受聘任导师，收下爱徒徐敏华便是由于裘沛然的举荐。徐敏华聪慧好学，深得二老赏誉。二老相聚时，常携徐敏华作陪。论道兴起，二老挥毫泼墨，情怀缱绻。徐敏华侍陪之际，得以聆听两位师长的生活阅历、临床卓见，默记导师的经验之谈，受益匪浅。那是一笔笔宝贵的精神财富。现任岳阳医院分院院长的徐敏华主任医师回忆往事，对两位恩师充满感激。至今，徐敏华还收藏着当时姜春华老师赠送的一幅彩墨《梅花图》。

姜春华日常穿着普通，一件半旧的中山装，眼镜、用笔均极一般，古风常存。而一旦外出讲学，则必穿着讲究，西装领带，以展新中医的风采。他是上海较早着西装的中医，也是第一批被授予教授职称的中医。

姜春华深得道佛精髓，讲究修身养性，清虚静定。他生活有规律，早上6点准时起床，练上一套太极拳，泡上一壶安徽绿茶。用完早茶，喝一小碗女儿烧好的牛奶煮麦片，取其通便舒心之用。然后在晒台浇花弄草或在居室内外慢踱方步半小时，这就是他的早锻炼，每日必修。继后写一张毛笔字，以续少年书法情趣。白天除了出诊应对医疗事务外，其余都在伏案看书写作，思考研究。中午稍事休息。晚上7～9点是他听广播的时间，打开半导体收音机，调好一个频率，评弹、越剧都是他的所爱。听着戏曲，怡然养神，9点一过，必定入睡。

姜春华豁达乐观。他80岁那年，领导考虑到他已届耄耋之年，作为中医界之耆宿，对中医学做出过突出贡献，提出为他举办寿庆。但他怕单位花钱、费时、费力而予以婉谢、推辞。他幽默地说："我今年有两本书可出版，以此祝寿最好！学术传后寿命绵长！"但上海医科大学（现为复旦大学上海医学院）及中山医院还是为他举行了祝寿仪式，气氛热烈而隆重。身在南通的朱良春与曹向平一同赋诗表示祝贺之忱："少年困学老才雄，万卷方书善贯通。八十高龄犹述作，三千弟子各葱茏。立言求是非同俗，论道持平有新风。遥祝康疆添寿算，隔江缱绻故人衷！"

进取不怠的精神、宽厚仁德的胸怀、多才多艺的博学、乐观豁达的心态，使姜春华总是生活得很充实，晚年病重仍在与时间赛跑，赶写《经方应用与研究》。但终留遗憾，1992 年 3 月病危，他将未终卷托付上海医科大学药学院戴克敏教授继续完成。1994 年戴克敏终于完成姜春华的遗愿，《经方应用与研究》一书由中国中医药出版社出版。"莫道桑榆晚，为霞尚满天"，姜春华这种生命不息、勤奋不已的治学精神，为中医学的振兴和中西医结合而献出毕生精力的奉献精神，堪为后学者的楷模！

“且看杏林花发处，夕阳瑶草弄春晖”，这是《解放日报》记者对姜春华一生的评价。1991年冬，姜春华因肾功能不全而住院治疗，经诸多专家尽力挽救，虽曾一度好转，但终因肾功能衰竭等诸多原因，于1992年3月14日与世长辞，享年84岁。友人书一挽联寄以深切悼念之情：“医学巨星陨落，天人共悲失扁鹊；雄文大著永存，中西合璧承岐黄。”

其子姜光华传其业，曾任上海医科大学附属中山医院中医科副主任，现退休，仍在发挥余热。其孙姜奕奕，毕业于上海中医药大学，继承其学。

姜春华一生不负严父予学名“春华”，老师取字“秋实”，春华熠熠，秋实累累。

（撰稿人　杨悦娅）

《中华中医昆仑》丛书 150 位医家名录

（按生年排序）

张锡纯	丁甘仁	萧龙友	王朴诚	恽铁樵
曹炳章	冉雪峰	谢　观	施今墨	汪逢春
孔伯华	黄竹斋	吴佩衡	蒲辅周	陈邦贤
李翰卿	李斯炽	姚国美	陆渊雷	张泽生
时逸人	张梦侬	叶橘泉	王聘贤	陈慎吾
邹云翔	赵炳南	承淡安	余无言	刘惠民
岳美中	沈仲圭	秦伯未	赵锡武	韦文贵
程门雪	黄文东	赵心波	董廷瑶	吴考槃
章次公	石筱山	陆南山	张赞臣	李聪甫
刘绍武	陈存仁	朱仁康	陆瘦燕	姜春华
韩百灵	高仲山	李克绍	王鹏飞	刘春圃
金寿山	哈荔田	何世英	周凤梧	干祖望
关幼波	王为兰	任应秋	罗元恺	祝谌予
杨医亚	郭士魁	何时希	耿鉴庭	俞慎初

裘沛然	顾伯华	江育仁	邓铁涛	门纯德
刘渡舟	尚天裕	朱良春	李玉奇	程士德
尚志钧	赵绍琴	董建华	米伯让	李辅仁
张珍玉	班秀文	颜正华	于己百	颜德馨
路志正	方药中	王乐匋	黄星垣	谢海洲
余桂清	何　任	王子瑜	程莘农	陈彤云
焦树德	张作舟	张　琪	李寿山	张镜人
王绵之	方和谦	印会河	王玉川	蔡小荪
李振华	马继兴	王嘉麟	宋祚民	刘弼臣
王雪苔	刘志明	吴咸中	李今庸	任继学
裴学义	王宝恩	周霭祥	贺普仁	唐由之
赵冠英	许润三	金世元	陆广莘	刘柏龄
徐景藩	吉良晨	吴定寰	沈自尹	王孝涛
张灿玾	周仲瑛	强巴赤列	张代钊	李经纬
郭维淮	柴松岩	苏荣扎布	陈可冀	李济仁
夏桂成	郭子光	巴黑·玉素甫	张学文	陈介甫